BEI GRIN MACHT SICH IHR WISSEN BEZAHLT

Roland Dombrowski

Not- und Katastrophenpsychologie. Ist es möglich eine eindeutige Richtlinie für traumatische Ereignisse und psychosoziale Interventionen zu erstellen?

GRIN Verlag

Bibliografische Information der Deutschen Nationalbibliothek:

Die Deutsche Bibliothek verzeichnet diese Publikation in der Deutschen National-
bibliografie; detaillierte bibliografische Daten sind im Internet über http://dnb.d-
nb.de/ abrufbar.

Dieses Werk sowie alle darin enthaltenen einzelnen Beiträge und Abbildungen
sind urheberrechtlich geschützt. Jede Verwertung, die nicht ausdrücklich vom
Urheberrechtsschutz zugelassen ist, bedarf der vorherigen Zustimmung des Verla-
ges. Das gilt insbesondere für Vervielfältigungen, Bearbeitungen, Übersetzungen,
Mikroverfilmungen, Auswertungen durch Datenbanken und für die Einspeicherung
und Verarbeitung in elektronische Systeme. Alle Rechte, auch die des auszugsweisen
Nachdrucks, der fotomechanischen Wiedergabe (einschließlich Mikrokopie) sowie
der Auswertung durch Datenbanken oder ähnliche Einrichtungen, vorbehalten.

Impressum:

Copyright © 2014 GRIN Verlag GmbH
Druck und Bindung: Books on Demand GmbH, Norderstedt Germany
ISBN: 978-3-656-90405-2

Dieses Buch bei GRIN:

http://www.grin.com/de/e-book/293151/not-und-katastrophenpsychologie-ist-es-
moeglich-eine-eindeutige-richtlinie

GRIN - Your knowledge has value

Der GRIN Verlag publiziert seit 1998 wissenschaftliche Arbeiten von Studenten, Hochschullehrern und anderen Akademikern als eBook und gedrucktes Buch. Die Verlagswebsite www.grin.com ist die ideale Plattform zur Veröffentlichung von Hausarbeiten, Abschlussarbeiten, wissenschaftlichen Aufsätzen, Dissertationen und Fachbüchern.

Besuchen Sie uns im Internet:

http://www.grin.com/

http://www.facebook.com/grincom

http://www.twitter.com/grin_com

AKKON Hochschule

Hochschule für Humanwissenschaften

Studiengang Emergency Practitioner

Wintersemester 2013

Hausarbeit

Not- und Katastrophenpsychologie

EUTOPA
European Network for Psycho-Social Aftercare in Case of Disaster

Ist es möglich eine eindeutige Richtlinie für traumatische Ereignisse und psychosoziale Interventionen zu erstellen?

Verfasser:

Roland Dombrowski

Fachsemester Emergency Practitioner

Inhaltsverzeichnis

Abkürzungsverzeichnis

EBM	Evidence Based Medicine
EUTOPA	European Network for Psycho-Social Aftercare in Case of Disaster
ICD-10	International Statistical Classification of Diseases and Related Health Problems
ICF	International Classification of Functioning, Disability and Health
MG	Multidisciplinary Guideline
NATO	North Atlantic Treaty Organisation
OTAN	Organisation du traité de l'Atlantique Nord
PDEQ	Peritraumatische Dissozations-Erfahrungen
PTSS 10	Posttraumatischen Stress Skala 10
PTSD	posttraumatic stress disorder
TENTS	European Network for Traumatic Stress
TGIP	Target Group Intervention Program
Q-FIS-SR	Questionnaire - Functioning Disabilities - Stress Response
WHO	World Health Organisation
ZGI	Zielgruppenorientierte Intervention

1) Einleitung

Die Nachfrage nach frühzeitiger psychosozialer Betreuung und Nachsorge steigt durch Großschadensereignisse wie Rammstein, Eschede oder aber der Loveparade in Duisburg. Katastrophen in Deutschland und in den Niederlanden, wie zum Beispiel der Flugzeugabsturz im Amsterdamer Stadtteil Bijlmermeer oder aber die Katastrophe in Rammstein haben gezeigt, dass die psychosozialen Auswirkungen und die gesundheitlichen Folgen einer Katastrophe längerfristig sind als anfänglich gedacht. Einsatzkräfte, Betroffene und Angehörige haben meist jahrelang an den Folgen zu arbeiten. Psychosoziale Hilfe ist deshalb von essenzieller Bedeutung, muss aber gemäß den aktuellsten, nachweisbar wirksamen Methoden angeboten werden. Die Angebote reichen hier von Einsatznachsorge Teams für die Einsatzkräfte über psychosoziale Betreuung durch Psychologen für Individuen. Inzwischen haben sich in allen Ländern diverse Formen von Krieseninterventionsteams, Notfallseelsorgedienste und ähnliche Angebotsstruckturen herausgebildet und bewährt. Es besteht trotz dieser positiven Entwicklung weiterhin Handlungsbedarf wie z.B. in der Qualitätssicherung und Schulungen des Zivil- und Katastrophenschutzes. Ziel ist es, im Interesse der Betroffenen von Unglücksfällen und Katastrophen die psychosoziale Notfallversorgung zu einem Leistungsfähigen Bestandteil der polizeilichen und nicht polizeilichen Gefahrenabwehr zu entwickeln.Aus professionellen Kreisen wurde der Ruf nach deutlichen und eindeutigen Richtlinien laut. Als Antwort hierauf wurde die vorliegende evidenzbasierte, multidisziplinäre Richtlinie für frühzeitige psychosoziale Intervention entwickelt. Diese Richtlinie dient als Hilfsmittel, um gemäß den aktuellsten wissenschaftlichen Erkenntnissen und (systematischen) Erfahrungen in der Praxis eine Antwort auf die Frage bieten zu können, was in den ersten sechs Wochen nach einer Katastrophe, einem terroristischen Anschlag oder einem anderen erschütternden Ereignis unternommen und was unterlassen werden muss.

Die Fragestellung, womit sich diese Arbeit befasst lautet:

Ist es möglich eine eindeutige Richtlinie für traumatische Ereignisse und deren psychosozialen Interventionen zu erstellen?

1.1 Problembetrachtung

Die European Guideline for Targetgroup Oriented Psychosocial Aftercare in Case of Disaster (EUTOPA) ist ein von der Europäischen Union entwickeltes Projekt. Das Projekt EUTOPA verfolgt die Entwicklung von Verfahrens-vorschlägen für eine Standardisierung der europäischen Konzepte zur psychosozialen Nachsorge, auf der Grundlage des European Policy Papers zur psychosozialen Nachsorge bei Großschadenslagen. Mit diesem Projekt sollen zentrale Fragestellungen genannt werden und es wurden durch das Target Group Intervention Programm (TGIP) Folgenden Manuals erstellt.

Heft 1: Anwendung des Kölner Risikoindex Disaster Rahmen von Großschadenslagen,

Heft 2: Zielgruppenorientierte Intervention im Rahmen von Groß-schadenslagen und Katastrophen,

Heft 3: Traumabasierte Psychoedukation für Betroffene von Katastrophen,

Heft 4: Rehabilitation von psychischen Beeinträchtigungen nach Großschadenslagen.

Im Heft 1 der EUTOPA TGIP wird darauf hingewiesen das es sich bei den Heften eins bis vier um Handlungsempfehlungen handelt und auf dem Verlaufsmodell der Psychotraumatisierung basiert. Im Unterschied zu den Multidisciplinary Guiedlines (IMPACT, NATO & OTAN, NICE, TENTS) handelt es sich bei dem TGIP um ein Kriseninterventionskonzept, das auf praktische Handlungsanweisungen beruht. (EUTOPA, TGIP Heft 1, Seite 10).

Die Folgenden Kapitel sollen die Inhalte der EUTOPA Hefte eins bis vier näher bringen und genannte Fragestellungen bearbeiten.

2. Belastende Erlebnisse und ihre Verarbeitungsformen

Das vom Target Group Interventions Programm erstellte Manual Heft 1 zur Anwendung des Kölner Risikoindex Disaster im Rahmen von Groß-schadenslagen, wird die psychosoziale Nachsorge für Betroffene von Großschadenslagen auf Grundlage des Verlaufsmodells darstellen. (siehe Abbildung 1)

Belastende Situationen können von objektiven und subjektiven Situationen ausgehen. Objektive Situationen können zum Beispiel Großbrände und Flut-katastrophen sein. Subjektive können sehr unterschiedlich sein. Subjektive traumatische Aspekte sind zum Beispiel Hilflosigkeit und Bedrohungen für Leib und Leben.

Im Verlaufsmodell wird eine traumatische Situation für eine Person dargestellt. Es folgt eine traumatische Reaktion, die am Ende zu einer Auswirkung führen kann. Wenn eine Person eine Traumatische Situation erleidet, setzen dissoziative Abwehrprozesse ein.

Unter Dissoziation versteht man die Auflösung der Integration von Wahrnehmung, Erinnerung, Gefühlen und Handlungen.

(EUTOPA TGIP Heft 1 Seite 12)

Der beschriebene Ablauf kann bei betroffenen Personen zu einer Belastungsstörung führen. Die Posttraumatische Belastungsstörung ist eine mögliche Folgereaktion einer oder mehrerer traumatischer Ereignisse die an der eigenen Person, aber auch an fremden Personen erlebt werden können. In vielen Fällen kommt es zum Gefühl von Hilflosigkeit und durch das traumatische Erleben zu einer Erschütterung des Selbst- und Welt-verständnisses.

(Quelle: S3-Leitlinie Postraumatische Belastungsstörung ICD 10: F 43.1)

Um die Gefahr für Personen feststellen zu können, die an einer Posttraumatischen Belastungsstörung erkranken könnten, werden die Personen in verschieden Risikogruppen unterschieden.

2.1 Risikogruppen

Es wird in verschiedene Risikogruppen unterschieden. Die Untergliederung beachtet die Sozialen und Persönlichen Faktoren der Lebensumstände der traumatisierten Personen.

Es wird in Selbsterholer, in die Gruppe der Wechsler und die Risikogruppe unterschieden. (Fischer et al., 1999, Bering, 2005; Bering et al., 2007; Schiedlich et al. 2008)

Die Selbsterholer können mit dem natürlichen Verlauf der Selbstheilungs-prozesse und mit eigenen Ressourcen und Potential ohne Beeinträchtigungen das erlebte verarbeiten.

Die Gruppe der Wechsler (Wechslergruppe) verarbeiten wie die Selbsterholer das erlebte Traumatische. Diese Gruppe kann durch weitere Störfaktoren, die zum traumatischen Ereignis hinzu kommen, zur Risikogruppe werden. Stör-faktoren sind zum Beispiel negative Ereignisse wie negative Konsequenzen durch den Arbeitgeber, familiäre Belastungen usw.

Die Risikogruppe ist die Gruppe, die ein hohes Risiko darstellt eine chronifizierte posttraumatische Belastungsstörung zu entwickeln wie z.B. Alkoholabhängigkeit, Depressionen oder Angststörungen.

Alle Maßnahmen der Zielgruppenorientierten Unterstützung zielen darauf ab, den Selbstheilungsprozess zu unterstützen. (EUTOPA TGIP Heft 1 Seite 13)

3. Der Kölner Risikoindex-Desaster

Der Kölner Risikoindex-Desaster erlaubt die Zuordnung von Überlebenden einer Großschadenslage nach belastenden Ereignissen zu einer der drei oben genannten Gruppen: Selbsterholer, Wechsler und Risikopersonen und bildet damit die Grundlage für die Zielgruppenzuordnung. (EUTOPA TGIP, Heft 1, Seite 9)

Mit dem Kölner Risikoindex soll man eine Risikoeinschätzung über den traumatischen Prozessverlauf erhalten. Er wurde in erster Linie Entwickelt um eine Einschätzung bei Gewaltopfern zu erhalten.

Es wurden mittlerweile eine Vielzahl von Köllner Risiko Index (KRI) entwickelt. Die Bundeswehr hat einen Köllner Risiko Index Bundeswehr KRI-BW für humanitäre und militärische Einsätze. Es wurde ein RKI adaptiert für die Zugkatastrophe von Eschede, um nur ein paar zu nennen.

Bei den verschiedenen Varianten gibt es Schnittmengen, die sich in der Gewichtung der dispositionellen Faktoren, der Vertraumatisierung, der Situationsfaktoren in der Einwirkphase wiederspiegeln. (EUTOPA TGIP Heft 1 Seite 16)

Die Faktoren wurden mit Punkten (Sternen) belegt und sollen die schwere der Gewichtung darstellen. Diese Vergabe der Sterne soll als Orientierung gelten ob es sich um eine geringe Gewichtung (ein Stern), eine mittlere (zwei Sterne) oder um eine schwere Gewichtung (drei Sterne) handelt. (Siehe Abbildung 2)

4. Adaption des KRI an Großschadenslagen – der Kölner Risikoindex-Disaster

Im KRI-D werden die in Tabelle 2 genannten Faktoren verwendet, die sich durch die anderen KRI bestätigt haben. Es werden aber noch andere Faktoren berücksichtigt, die betroffene oder Überlebende von Großschadenslagen spezifisch aufweisen. Die Forschung der psychischen Folgen von Naturkatastrophen, geht zurück bis in die 70er Jahre. Der größte Anteil an Studien psychotraumatischer Folgen bei Terroranschlägen beruht auf den Ereignissen des 11. September. Die unterschiedlichen Ergebnisse wurden in den KRI für Großschadenslagen mit aufgenommen. Nach den Ergebnissen der Studien ist davon auszugehen, dass bei den Opfern von Katastrophen an objektiven Situationsfaktoren das Ausmaß erlittener und bezeugter Verletzungen ein prognostisch relevanter Faktor für die Entwicklung einer psychischen Störung ist. [...] Betraten wir die Risiko- und Schutzfaktoren in der Übergangsphase, so müssen wir rekapitulieren, dass im Fall einer Katastrophe sowohl von einer individuellen als auch von einer kollektiven Traumatisierung ausgegangen werden muss. In Zukunft ist zu untersuchen, ob sich die kollektive Traumatisierung als Risikofaktor oder als Schutzfaktor auswirkt. (EUTOPA TGIP Heft 1 Seite 21)

5. Screening

Der Vorschlag der EUTOPA TGIP ist, das man zwischen einem Belastungsscreening und einem prognostischen Screening unterschieden werden soll.

Ein erstes Screening sollte erst nach 72 Stunden nach einem Traumatischen Ereignis erfolgen. Durch die unterschiedlichen Situationstypologien ist ein flexibler Umgang mit dem Screening jedoch erforderlich. Die Empfehlung geht dennoch dahin in der Diagnostik eine orientierende Symptomerhebung mit der Posttraumatischen Stress Skala 10 (PTSS–10) zu ergänzen, denn in der Validierungsstudie hat der PTSS-10 (Behring et al., 2003) die beste Korrelation mit dem Summenwert des KRI gezeigt. Im Anschluss an den PTSS-10, (Siehe Anhang 3) wird der Posttraumatische Dissoziations-Erfahrung, (PDEQ, Siehe Anhang 4) durchgeführt. Er dient zur Erfassung der peritraumatischen Dissoziation.

Die PTTS-10 ist ein aus lediglich zehn Fragen bestehender Fragebogen, der 1989 von Raphael et. al. Veröffentlicht wurde und nach allgemeineren Traumasymptomen wie Schlafstörungen, Albträumen, Stimmungs-schwankungen, traumabezogenen Ängsten und Schreckhaftigkeit fragt. Diese nicht rein PTSD-Spezifischen Symptome lassen sich recht gut mit der Diagnose einer PTSD in Zusammenhang bringen. Die Validität und Spezifität sind für einen unspezifischen Test erstaunlich gut. Die PTSS-10 ist in ihrer Anwendung bei einer Durchführungszeit von ca. drei Minuten sehr ökonomisch und hinsichtlich interner Konsistenten und konvergenter und divergenter Validität auch in der deutschen Übersetzung (Maercker 1998; unveröffentlicht) positiv evaluiert. (Schade et al. 1998; Maercker 2003b)

6. Maßnahmen der Zielgruppenorientierten Intervention im Rahmen der Psychosozialen Notfallversorgung von Großschadenslagen und Katastrophen

Eine Katastrophe kennzeichnet sich durch drei Hauptmerkmale.

- einen plötzlichen Beginn
- kollektives Erleben und Betroffenheit sowie
- ein kollektiv hohes Ausmaß an Bedrohung und Zerstörung, was Katastrophen per Definition von andauernden Extrembelastungen, z.b. kriegerischen Auseinandersetzungen, abgrenzt. (vgl. Pieper, 2005)

Das Konzept der abgestuften psychosozialen Versorgungsmaßnahme nennen wir Zielgruppenorientierte Intervention (ZGI)(Bering et al., 2000a; Bering et al. 2001b; Bering et al., 2003; Scheidlich et al., 2003; bering, 2011). Unterschieden werden dabei Maßnahmen, die unabhängig vom jeweiligen Risikoprofil der Betroffenen angeboten werden und solche, die an dem jeweiligen Risikoprofil ausgerichtet sind.

Der KRI soll dazu dienen frühzeitig eine Unterscheidung und Erkennung der Risikopersonen zu gewährleisten. Es handelt sich bei den Menschen, die extrem belastende Erfahrungen haben nicht um pathologische Prozesse sondern viele Menschen leiden an vorübergehenden normalen Stressreaktionen. Sie benötigen vorrangig Unterstützung in der Widerherstellung der Ressourcen und der Rückkehr zur Normalität.

Die Grundlage der Interventionsplanung zur individuellen psychosozialen Nachsorge ist

1. die Orientierung am Zeitkriterium, am Verlaufsmodell psychischer Traumatisierung und
2. die Orientierung am Risikoprofil der Betroffenen, die Risikobestimmung mit dem KRI. (vgl. Bering et al., 2012, Band I; Bering 2011)

Der Verlauf einer psychischen Krankheit und eine Belastungsstörung kann immer erst im Verlauf festgestellt werden. Es stellt sich die Frage zu welchem Zeitpunkt es einen Erfolg verspricht Maßnahmen zu ergreifen. In Abbildung 5 werden durch einen Zeitstrahl die Unterschiedlichen Phasen dargestellt und Untergliedern sich in die Akutphase (A), die Übergangsphase (B) und die Einwirkphase (C) zudem findet eine Unterteilung in die Zielgruppenorientierte Intervention statt. (Siehe Abbildung 5)

Maßnahmen in der akuten Notfallsituation, in der Einwirkphase und im traumatischen Prozess folgen dem Motto: So viel wie nötig, so wenig wie möglich. (EUTOPA TGRIP Heft II Seite 15)

7. Risikounabhängige Maßnahmen der ZGI

In der Phase A, des Ablaufplanes der Zielgruppenorientierten Intervention findet nur eine psychosoziale Akuthilfe der Betroffenen statt. Eine Stabilisierung der Bedürfnisse und eine psychische Erste Hilfe. In der Phase B, wenn die Schockphase abgeklungen ist findet eine weiterführende psychoformativ wissensvermittelnde Maßnahme statt. Zu dieser Phase B gehört auch der KRI. Hier finden Kurzberatungen und Ergebnisspeicherungen statt um die Phase abzuschließen.

Die Phase C beinhaltet das Monitoring, die weiterführende Diagnostik, die traumazentrierte Fachberatung, die Angehörigenberatung und die Trauma-Akuttherapie.

7.1 Psychosoziale Akuthilfe (Phase A und Übergang zu Phase B)

In der Phase A werden die Grundbedürfnisse wie Durst, Hunger, Wärme und Hygiene der betroffenen Gewährleistet. Sie sollen eine Distanzierung zum Ort des Geschehens und Informationen über das Geschehen erhalten. Sie sollen Kontaktmöglichkeiten zu Angehörigen und nahe stehenden Menschen bekommen sowie die Möglichkeit erhalten sich von verstorbenen zu Verabschieden. Weiterhin sollen Informationen über weiterführende Hilfen und Gesprächsangebote gegeben werden.

Im Vordergrund steht die Wiederherstellung von Sicherheit sowie klare Informationen. Ein weiteres vorrangiges Anliegen in dieser Phase ist die Herstellung von Kontakt und sozialer Anbindung. (Hobfoll et al. 2007)

Informationen müssen klar, kurz und verständlich vermittelt werden, da in der Schocksituation die Aufnahmekapazität der Betroffenen stark eingeschränkt ist.

Weitere Maßnahmen, wie Psychosoziale und vertiefte Anleitung zur Selbsthilfe etc. sind zu diesem frühen Zeitpunkt nicht indiziert und versprechen keinen präventiven Langzeitefffekt. (vgl. Bäumker & Bering, 2003)

7.2 Psychosoziale Unterstützungsmaßnahmen in der Einwirkzeit (Phase B und C)

In dieses gilt es entsprechende Beratungs- und Unterstützungsangebote zum Beispiel über finanzielle Unterstützungsmöglichkeiten, Klärung rechtlicher Fragen, Suche nach Vermissten und Hilfen im Umgang mit Behörden bereit zustellen und Informationen über diese Hilfsangebote den Menschen zukommen zu lassen. Ebenso soll im Juristischen Bereich Unterstützung gewährleistet werden, der sich über Jahre hinziehen kann. Es sollen auch Möglichkeiten gegeben werden Trauergottesdienste zu ermöglichen. Die Zielvorstellung ist um eine nahtlose Gewährleistung der psychosozialen Notfallversorgung nach Katastrophen zu gewährleisten.

8. Psychoinformation

Nach Abklingen der Schockreaktion können erste psychoinformative Maßnahmen durchgeführt werden. Um eine genauere Information zur Durchführung und Inhalt zu erhalten widmen wir uns dem Band III der EUTOPA.

9. Psychoedukation

Als Psychoedukation werden „ ... systematische, didaktische-psycho-thera-peutische Interventionen zusammengefasst, die dazu geeignet sind, Patienten und ihre Angehörigen über die Krankheit und ihre Behandlung zu informieren, das Krankheitsverständnis und den selbstverantwortlichen Umgang mit der Krankheit zu fördern und die bei der Krankheitsbewältigung zu unterstützen" (Bäuml et al. 2003. S. 3)

9.1 Psychoedukation und Trauma: Die wissenschaftliche Perspektive

Die Betroffenen erleben subjektiv die Psychoedukation als hilfreich, jedoch ergeben sich keine positiven Effekte auf die Prävention von Traumafolgestörungen oder verbesserte Bewältigungsstrategien. (EUTOPA TGIP Band III Seite 7) Hobofol et al. (2007) hat in einer Metastudie die fünf essentiellen Interventions-prinziepien identifiziert, die für eine Entwicklung von Interventionspraktiken und – programmen in Folge von Katastrophen und Massengewalt gelten können.

1.   Förderung des Erlebens von Sicherheit
2.   Förderung von Beruhigung
3.   Förderung des Erlebens von Selbstwirksamkeit und kollektiver
        Wirksamkeit
4.   Förderung von Kontakt und Anbindung
5.   Förderung von Hoffnung

Die Autoren schlagen Psychoeduaktive Interventionen sowohl als Individual- als auch als Gruppenmaßnahme vor.

Retraumatisierende Effekte können verursacht werden und damit stellt sich die Frage wie eine psychoedukative Maßnahme im Kontext von Traumabetroffenen konzipiert und durchgeführt werden kann.

14

9.2 Psychoedukation und Trauma: Die europäische Perspektive

EUTOPA möchte eine Standardisierung und Harmonisierung der Nachsorgepraxis im Falle einer Katastrophe leisten. Sie sollen auf den neusten Instrumenten der frühen Intervention und Screenings basieren.

Im Zeitraum der ersten sechs Wochen empfiehlt der fachübergreifende Leitfaden nach Katastrophen, Terroristischen oder anderen schockierenden Ereignissen allen Betroffenen Informationen bereit zu stellen.

Diese Informationen sollen eine beruhigende Erklärung der normalen Reaktionen auf das Ereignis, den Rat, es zu sagen, wann Hilfe benötigt wird sowie den Rat an Betroffene, die alltägliche Routine beizubehalten und dem Tag eine Struktur zu geben. Die Studiengruppe empfiehlt keine Bereitstellung von präventiver Psychoedukation. (Impact, 2007, Empfehlung 11)

Siehe EUTOPA Band III Seite acht bis 10.

10. Das Konzept der traumabasierten Psychoedukation

Zielsetzung der traumabasierten Psychoedukation ist die Mobilisation der kognitiven Kontrolloperationen, die Stärkung der Compliance für die Möglichkeiten der Selbsthilfe und den weiteren Beratungs- und Behandlungsbedarf sowie die Förderung der individuellen Einschätzung von Risikoverläufen bei Betroffenen. (Schedlich et al., 2003, Behring et al. 2006).

Frühestens nach 72 Stunden, wenn die Schockphase abgeklungen ist und der Übergang in die postexpositorische Einwirkphase folgt, sollte eine Psychoedukation erfolgen.

Während es einen Betroffenen aus der Gruppe der Selbstabholer kaum beeinträchtigen kann und von diesem auch als entlastend erlebt werden kann, kann eine frühe Rekonfrontation mit emotionalen Inhalten für betroffene der Risikogruppe potenziell retraumatisierende Effekte bewirken.

(EUTOPA TGIP Band III Seite 12)

Das auslösen von flash-backs kann eine mögliche Komplikation der traumabasierten psychoedukativen Maßnahme sein. Traumabasierte Personen können bei Konfrontation mit traumaassozierten Reizen in Zustände geraten, in denen sie das Erlebte nicht erinnern, sondern unmittelbar wiedererleben. Solche flash-backs können über innere und äußere Reize ausgelöst werden. Betreuer müssen mit Sicherungsmaßnahmen vertraut sein, wenn ein Betroffener diese flash-backs erlebt.

10.1 Kernelemente einer traumabasierten Psychoedukation in der psychosozialen Nachsorge für Betroffene von Katastrophen

Wissensbausteine einer Traumabasierten Psychoedukation

1. Aufklärung über den aktuellen Sachstand
2. Einführung der Basisinterventionslinie
3. Erklärung spezifischer Phänomene im traumatischen Erleben der Betroffenen
4. Selbsthilfe stärken
5. Grenzen der Selbsthilfe und weitere Hilfsangebote
6. Einführung der Checkliste Kölner Risikoindex

Die genaue Aufschlüsselung zu den Punkten eins bis sechs entnehmen sie bitte dem Heft III der EUTOPA.

11. Durchführung und Instruktionen zur Psychoedukation für Betroffene von Katastrophen

11.1 Rahmenbedingungen der Psychoedukation

Innterhalb der Schockphase ist eine psychoedukative Maßnahme nicht empfehlenswert. Der zeitliche Abstand der Psychoedukation zur Katastrophe beträgt mindestens 72 Stunden.

Die Psychoedukation kann für Betroffene als auch Angehörige angewandt werden. In der Einwirkphase bietet sich an gemischte Gruppen zu haben. Zu einem späteren Zeitpunkt können dann Differenzierungen nachunmittelbar und mittelbarer Betroffenheit von Vorteil sein.

Eine Psychoedukation sollte 45 Minuten nicht überschreiten.

11.2 Durchführung

In der frühen Einwirkphase ist die Aufnahmekapazität und Konzentrationsfähigkeit der Betroffenen eingeschränkt. Daher sollten die Informationen kurz, strukturiert und überschaubar vermittelt werden. Eine nicht nur sprachliche sondern auch visuelle Vermittlung der Information ist vorteilhaft.

Es darf kein „Durcharbeiten" der traumatischen Situation stattfinden, dies könnte retraumatisierend wirken.

(EUTOPA TGIP Heft III Seite 17

12. EUTOPA-IP Rehabilitation von psychischen Beeinträchtigungen nach Großschadenslagen

Im Rehabilitation von psychischen Beeinträchtigungen nach Großschadens-lagen TGIP Heft vier wird auf die Förderung von Funktionsfähigkeit und Rehabilitation eingegangen, wobei in dem Heft nur darauf hingewiesen wird, in welche Gruppe die Betroffenen eingegliedert werden sollen, um weiterführende Therapien zu erhalten. Auf die weiterführenden Therapien wird nicht weiter eingegangen im Heft vier.

12.1 ICF und Q-FIS-SR

Die International Classification of Functioning (ICF) wurde 2001 von der WHO verabschiedet. Es ist ein Klassifikationssystem, das auf einem bio-psychisch-sozialen Modell aufgebaut ist, es versteht die Funktionsfähigkeit als eine Wechselbeziehung zwischen gesundheitlichen Zustand und Bedingungs-faktoren. Die ICF ergänzt die International Statistical Classification of Diseases and Related Health Problems (ICD-10). Die ICD-10 ist das wichtigste, weltweit anerkannte Diagnoseklassifikationssystem der Medizin. Es wird von der Weltgesundheitsorganisation heraus gegeben (WHO). Die ICF erfasst somit gesundheitliche Zustände und die ICD-10 klassifiziert Krankheiten.

Die ICF zielt darauf ab die Ressourcen eines Patienten zu mobilisieren und abzurücken von dem traditionellen Defizitmodell innerhalb der Medizin (Siehe Abbildung 6) (Lollar & Simeonsson, 2005, S. 324).

Der KRI-D wurde mit einem psychometrischen Instrument ergänzt, das die Funktionsfähigkeit und Behinderung von Überlebenden und Einsatzkräften nach Großschadenslagen misst. Dieser Fragebogen wird „Questionnaire of Disabilities and Functioning on Stress Response (Q-FIS-SR) genannt und wurde von der EUTOPA TGIP Gruppe ergänzt. (Siehe Abbildung 7 und 8)

Die genannten Möglichkeiten der ICD 10 und der ICF sowie der Q-FIS-SR sind Möglichkeiten der Anamnese die EUTOPA und EUTOPA IP kommen aber selber zu folgendem Entschluss.

13. Offizielle Diskussion der EUTOPA / EUTOPA IP und deren Zusammenfassungen

Die im **Heft eins** der EUTOPA Erstellte Zusammenfassung brachte den Konsens aus mehreren Workshops hervor, das ein Screening für die Psychische Nachsorge sinnvoll ist. Es sollen die unterschiedlichen Ebenen der Faktoren oder Ebenen der Funktion erfasst werden sowie wurden diverse Risikofaktoren definiert. Es wurde festgestellt, das diverse Studien erfolgen müssen die noch tiefgreifender in Themen einsteigen müssen wie z.B. den Bereich der posttraumatischen Integration, systematische Aspekte der Psychotraumatisierung. Zu dem Screeningverfahren wurde die Feststellung gemacht, das überwiegend das Konzept der wachsamen Beobachtung vertreten wird, da es unterschiedliche Meinungen zu dem Zeitpunkt eines „Screenings" gibt.

Es gab kein einheitliches Meinungsbild unter den Delegierten, welche Risikofaktoren für Kinder relevant sind.

Die im **Heft zwei** aufgeführten Maßnahmen der Zielgruppenorientierte Intervention zur Prävention psychischer Langzeitfolgen bei Betroffenen von Katastrophen erbrachte die Aussage, das psychoinformative Maßnahmen die traumakompensation des Betroffenen fördert, sowie die kognitiven Kontrolloperationen. Weiterführende Hilfen sollen immer eine Würdigung der Erfahrung machen und ein soziales Angebot anbieten, da dies ebenfalls als wesentliches Wirkprinzip erfasst wurde.

So können das Erleben von Ohnmacht und Kontrollverlust rolativiert, Selbstwirksamkeit gestärkt und dem Erleben von Isolation entgegengewirkt werden. Das Selbst- und Weltbild der Betroffenen kann der Situationserfahrung angemessen im Verarbeitungsprozess modifiziert werden. Gerade Prozesse der Integration eines modifizierten Selbst- und Weltbildes, das Wiedergewinnen von

Handlungs- und Erlebensspielräumen und das Erleben sozialer Begleitung und institutioneller Unterstützung, unterstützt das Widererstarken von Hoffnung und Zukunftsorientierung. (H

Die im **Heft drei** Aufgeführte Zusammenfassung zur Traumabasierten Psychoedukation für Betroffene von Katastrophen trifft folgende Aussage.

...Traumahelfer sollen Kenntnisse in den Grundlagen der Psychotraumatologie aufweisen, um traumapräventiv tätig zu sein und um retraumatisierende Effekte zu vermeiden. [...] Das vorliegende Manual stellt die Konzeption und wesentliche Kernelemente einer traumabasierten Psychoedukation beispielhaft für den Zeitraum der frühen Einwirkphase (72 Stunden nach dem Ereignis bis 4 Wochen danach) dar [..]. Insbesondere ist das emotionale Durcharbeiten von Erfahrungen der Betroffenen in der potenziell traumatischen Situation „Katastrophe" in einer psychoedukativen Maßnahme obsolet. Das „Prinzip der Normalität" wird dabei in den Mittelpunkt gestellt. [...]

Es besteht ein breiter Konsens über die Empfehlungen den Leitfaden, dass zeitnahe und qualitative Informationen nach einer Katastrophe für die Betroffenen entscheidend sind. Es werden weitere Befunde darüber benötigt, was wirklich wirksam ist.

Informationen müssen angemessen, d. h. an die spezifische Katastrophe und individuelle Situation angepasst und zweckmäßig terminiert sein (unmittelbar, sechs Wochen danach etc.. [...] Um weiterführend die Überprüfung der Wirksamkeit einer traumabasierten Psychoeduaktion zu belegen, halten die Autoren den Einfluss des Risikoprofils der Betroffenen in einem Studiendesign für wesentlich, dass mit einem geeigneten Screeninginstrument wie dem Kölner Risikoindex erfasst werden kann. Die EUTOPA TGIP schlussfolgern, dass nur ein Longitudinaldesign den Anforderungen gerecht wird, neben der spezifischen Situationsdynamik des extrem belastenden Ereignisses auch den Interventionszeitpunkt der Maßnahme und das Risikoprofil der Betroffenen zu untersuchen.

Die im **Heft vier** der EUTOPA IP Rehabilitation von psychischen Beeinträchtigungen nach Großschadenslagen trifft folgende Aussagen, in der im Heft vier Aufgeführten Diskussion. Die aktuellen Guidelines der NATO-OTAN, TENTS, IMPACT und die Manuale I-III des TGIP tragen keine Ideen dazu bei, wie ein Rehabilitationsprozess aussehen kann. [...] Bisher fehlen Konzepte, wie das funktionelle Problem bzw. Behinderungen gemessen werden können und wie sie als Grundlage für einen Rehabilitationsprozess dienen können. [...] Wir haben gezeigt, dass der Q-FIS-SR als Ergänzung zum Kölner Risikoindex angewendet werden kann und zusätzliche Risikofaktoren auf dem funktionalen Niveau beschreibt. Hierdurch mag der Q-FIS-SR als Baseline dienen, um den Rehabilitationsprozess zu evaluieren. [...] Wie auch immer ist der Prozess der Falldarstellung, Anwendung des Q-FIS-SR und der Evaluation im Rehabilitationsprozess eine Ergänzung zu aktuellen Systemen, die bisher in erster Linie auf Symptome und Symptomkontrolle ausgerichtet sind.

Zusätzliche Arbeit ist erforderlich, um die besondere Situation für uniformierte Dienste und Überlebende von Großschadenslagen zu berücksichtigen. Derzeit unterscheidet sich die Sozialgesetzgebung in den unterschiedlichen europäischen Ländern so sehr, dass eine allgemeine Schlussfolgerung zu diesem Thema nicht möglich ist. Auf der EUTOPA-IP Konferenz in Köln im April 2011 haben die Delegierten die Möglichkeiten der ICF diskutiert. [...] Die ICF ist ein heuristisches Modell, das weit über die bloße Beschreibung eines symptomdiagnostischen Levels hinausgeht. Der Sinn der ICF, die Vorteile und Einschränkungen, sind noch nicht in vollem Umfang bekannt und weit davon entfernt, im Gesundheitswesen einheitlich in Europa implementiert zu sein. [...] Die Implementierung eines solchen komplexen Systems wie die ICF dauert möglicherweise eine ganze Dekade an.

[...] In Deutschland ist die Implementierung ICF über die Sozialgesetzgebung vorgegeben. Das Dutch Department of Health steht in der Diskussion die ICF legislativ zu implementieren. Keine Anwendung findet die ICF in UK, Spanien, Portugal und meistens liegt die Anwendung auf dem Gebiet der physikalischen Therapie oder der neurologischen Rehabilitation. Eine umfassende Implementierung ist noch nicht gegeben. Die Delegierten kamen zu folgenden 13.

14. Schlussfolgerungen

Die ICF ist bisher noch überhaupt nicht in der klinischen Praxis umgesetzt und es besteht ein geringer Wissenszugang, selbst wenn es als sinnvoll wahrgenommen wird. Es sollten Abwägungen erfolgen, wie die ICF implementiert werden kann, ohne zu sehr Widerstand von den Kliniken zu erzeugen. Da die Reduktion von Symptomen keineswegs den Ausgleich von Behinderung bedeutet, wurde die generelle Botschaft der ICF von allen Delegierten anerkannt. Die Delegierten haben folgende allgemeine Schlussfolgerungen formuliert. Die ICF deckt ein ganzes Feld der Medizin ab und schließt 1424 Codes ein. Aus diesem Grunde ist die ICF für die Arbeit in der psychosozialen Nachsorge im Feld nicht praktikabel. Als denkbarer Weg wäre die Formulierung von Core Sets, wie der Q-FIS-SR, der aus praktischer Sicht auch nach Großschadenslagen Anwendung finden könnte.

15. Fazit

Die EUTOPA und das Target Group Interventions Programm hat mit den Heften eins bis vier einen großen Schritt in die richtige Richtung angestrebt und das Problem der Traumatisierung bei Großschadenslagen erkannt. Es ist ein Leitfaden, der versucht eine Möglichkeit aufzuzeigen, wie mit Großschadensereignissen zu verfahren ist und den betroffenen Personen geholfen werden kann. Es ist ein sehr komplexes Thema und die Selbstkritik und aufgeführten Zusammenfassungen und Diskussionen in den Heften Zeigen auf, das dieses Komplexe Thema nicht einfach zu greifen ist. Die Individualität der Ereignisse sowie die Betroffenen Individuen sind nicht alle in einen großen Topf zu werfen was auch von der TGIP erkannt wurde.

Mit den versuchten Richtlinien und Scanning Möglichkeiten ist ein guter Ansatz getroffen worden um überhaupt ein erkennen von Möglichen Traumatisierungen von Betroffenen in der Anfangsphase fest zu stellen. Weiterführende Maßnahmen werden aber dann Individualisiert vorgeschlagen und müssen individuell durchgeführt werden. Es wird nicht möglich sein, ein Scanning verfahren zu entwickeln, das für jedes Individuum zutrifft und auch nicht alle Punkte oder psychologischen Aspekte beinhaltet.

Die Arbeit des TGIP Programms ist vielversprechend und ist noch lange nicht am Ende. Es müssen weitere Studien erfolgen und auch diverse weitere Möglichkeiten in Betracht gezogen werden, die auf unterschiedliche Art und weise Behandelt werden müssen.

Es wird auch nicht möglich sein, das es einen „Master Plan" für Großschadensereignisse gibt, da es nur schwer vorhersehbar ist welches Ereignis als nächstes eintrifft. Man kann aus den Erfahrungen der schon geschehenden Ereignisse ein Konzept entwickeln, was die TGIP schon mit allen zur Verfügung stehenden Mitteln umsetzt.

Es ist ein Gutes Mittel um bei einem Großschadensereignissen in die Richtige Richtung zu lenken und die traumatisierten Individuen nicht aus dem Auge zu verlieren.

Ein weiterer Knackpunkt sind die Schulungen von adäquaten Personal, die mit den Vorgaben der EUTOPA arbeitet und diese Umsetzt. Die Schulungen und Weiterbildungen werden bereits für Feuerwehren und Interessiertes Personal angewendet. Hier stellt sich die Frage der Umsetzung und der richtigen Handhabe. Ein Beispiel wäre, wenn es zu einem Großschadensereignis kommt und ein Team an das Schadensereignis geschickt wird, sich das Team auch wirklich nur auf die Sicherstellung der Grundbedürfnisse konzentriert. Das ENT bei der Berliner Feuerwehr wird zum Beispiel direkt nach einem belastenden Einsatz Alarmiert und wartet nach dem Einsatz auf der Wache um ein Gespräch mit den betroffenen Einsatzkräften zu führen. Diese Verfahrensweise ist laut TGIP erst nach 72 Stunden sinnvoll. (Quelle: Persönliche Erfahrung und Erlebnisse bei der Berliner Feuerwehr).

16. Anhang

Abbildung 1

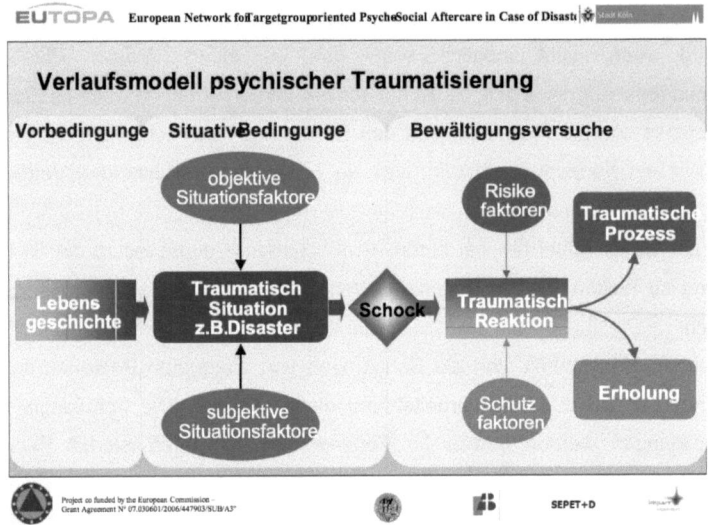

Abbildung 1:

Verlaufsmodell psychischer Traumatisierung (nach Fischer und Riedesser, 2003)

Abbildung 2

Autoren / Variante des Kölner Risikoindex	Fischer et al. (1999) — Gewalt- und Unfallopfer	Walter (2003) — Opfer von Banküberfällen	Bering et al. (2003c) — Soldaten im Kosovoeinsatz	Dunker (2009) — Soldaten Afghanistaneinsatz	Bering & Kamp (2007c) — Stationäre PTBS Patienten
Dispositionelle Faktoren					
Weibliches Geschlecht		*	*		
Alter > 30 Jahre				*	
Lebensgeschichtliche Faktoren					
niedrige Schulbildung	*				
Vortraumatisierung	**	**	**	*	*
Arbeitslosigkeit	*				
Alleinstehend				*	
Fehlende Identifikation mit Auslandseinsatz				*	
Situationsfaktoren					
Bedrohung für Leib und Leben	*	*	*	*	
Dauer des traumatischen Ereignisses	*				
Dissoziation	***	**	***	***	**
Eigene Körperliche Verletzung	*		*	*	*
Körperliche Verletzung versursacht				*	
Subjektiv erlebte Belastung	*	*	*	*	
Bekanntheit des Täters (bzw. Nähe zum Täter)	*	*			
Personen geschadet					*
Faktoren in der Einwirkungsphase					
Negative Reaktionen im sozialen Umfeld	*	**	**	**	**
Einschränkung der Heimatkontakte			*	*	
Schlechte Erfahrung mit Funktionsträgern/Kollegen/Kameraden	*	**	*	**	
Schwierigkeiten über das Ereignis zu sprechen			*		*

Tabelle 2

Varianten des Kölner Risikoindex (EUTOPA Heft 1)

Abbildung 3

PTSS 10

Die folgende Skala bezieht sich auf Ihr momentanes Befinden und fragt nach typischen Reaktionen, die bei vielen Menschen nach Belastungen auftreten können. Markieren Sie bitte die Zahl, die das ausdrückt, was für Sie am ehesten zutrifft. Markieren Sie bitte die 0, wenn der Zustand nicht aufgetreten ist, die 1, wenn andeutungsweise, bis hin zur 6, wenn Sie immer mit dem Problem zu tun haben, und dies für Sie sehr belastend ist.

Ich habe in den letzten Tagen bzw. ich leide an ...

PTSS10_1 Schlafprobleme.

nie	0	1	2	3	4	5	6	immer

PTSS10_2 Alpträume von einem belastenden Ereignis.

nie	0	1	2	3	4	5	6	immer

PTSS10_3 Depressionen, fühle mich bedrückt.

nie	0	1	2	3	4	5	6	immer

PTSS10_4 Schreckhaftigkeit, d.h. ich erschrecke leicht, wenn ich plötzlich Geräusche höre oder plötzliche Bewegungen wahrnehme.

nie	0	1	2	3	4	5	6	immer

PTSS10_5 das Bedürfnis, mich von anderen zurückzuziehen.

nie	0	1	2	3	4	5	6	immer

PTSS10_6 Gereiztheit, d.h. ich werde schnell gereizt oder ärgere mich.

nie	0	1	2	3	4	5	6	immer

PTSS10_7 Stimmungsschwankungen.

nie	0	1	2	3	4	5	6	immer

PTSS10_8 Ein schlechtes Gewissen, mache mir Selbstvorwürfe, habe Schuldgefühle.

nie	0	1	2	3	4	5	6	immer

PTSS10_9 Angst vor Stellen oder Situationen, die mich an das belastende Ereignis erinnern könnten.

nie	0	1	2	3	4	5	6	immer

PTSS10_10 Muskelverspannungen.

nie	0	1	2	3	4	5	6	immer

PTSS 10   Scoring

0 – 6 Pkte. Pro Item   =   Itemscore

Summe Item 1-10   =   Summenscore

PTSS 10   Auswertung

Summenscore   0 – 23

24 – 35

36 und mehr

Abbildung 3 PTSS-10
Internetquelle

26

Abbildung 4

PDEQ

Bitte beantworten Sie die folgenden Aussagen, indem Sie einen Kreis um die Antwort machen, die ihre Empfindungen und Verhaltensweisen **während** und **sofort nach** den _____ *(hier das traumatische Ereignis einsetzen)* beschreiben. Wenn eine Aussage auf Ihre Empfindungen nicht anzuwenden ist, machen Sie bitte einen Kreis um "trifft überhaupt nicht zu".

1. Ich hatte Momente, in denen ich nicht mehr wußte was vor sich ging. Ich fühlte mich so, als ob ich nicht Teil von dem war, was passierte.

0	1	2	3	4
trifft überhaupt nicht zu	trifft ein wenig zu	trifft etwas zu	trifft ziemlich genau zu	trifft ganz genau zu

2. Ich fühlte mich so, als ob ich automatisch handelte. Ich habe Dinge gemacht, zu denen ich mich gar nicht bewusst entschlossen habe, wie ich später merkte.

3. Mein Zeitgefühl war verändert - alles schien wie im Zeitlupentempo zu passieren.

4. Was geschah, erschien mir wie unwirklich, als ob ich in einem Traum sei oder einen Film oder ein Theaterstück sehe.

5. Ich fühlte mich wie ein Zuschauer, der zusieht, was passiert - so als ob ich ueber dem Geschehen schwebte oder es als ein Außenstehender beobachtete.

6. Es gab Momente in denen mein Gefühl für meinen Körper verändert oder gestört zu sein schien. Ich fühlte mich wie abgetrennt von meinem Körper oder als ob mein Körper aussergewöhnlich groß oder klein sei.

7. Ich empfand, als ob Dinge, die eigentlich anderen passierten, mir geschahen - so als wäre ich direkt in einen Vorgang verwickelt, obwohl ich es gar nicht war.

8. Ich war ueberrascht, danach herauszufinden, daß damals vieles passiert war, was ich nicht mitbekommen hatte, ganz besonders Dinge, die ich normalerweise bemerken würde.

Abbildung 4 Seite 1 PDEQ Beispiel

Abbildung 4

9. Ich fühlte mich verwirrt, dass heisst, ich erlebte Augenblicke, in denen mir nicht klar wurde, was um mich herum vor sich ging.

10. Ich fühlte mich desorientiert, dass heisst, es gab Momente in denen ich mir unsicher war, wo ich mich befand und welche Zeit es gerade war.

Peritraumatic Dissociative Experiences Questionnaire
(Peritraumatische Dissoziative Erfahrungen-Fragebogen)

Quelle:
Engl. Original:
Marmar, C., Weiss, D.S., Schlenger, W.E. et al. (1994). Peritraumatic dissociation and posttraumatic stress in male Vietnam theater verterans. American Journal of Psychiatry, 151, 902-907.

Dt. Übersetzung, autorisiert von Originalautoren:
Maercker, A. (1994). Unveröffentlichtes Manuskript, TU Dresden

Studien in denen der PDEQ verwendet wurde
siehe: http://biblioline.nisc.com/scripts/login.dll

Zu beziehen über:
Prof. Dr. med. Dr. phil. A. Maercker
Universität Zürich
Fachrichtung Psychopathologie
und Klinische Intervention

Abbildung 4 Seite 2 PDEQ Beispiel

Internetquelle:
Universität Zürich
http://www.psychologie.uzh.ch/fachrichtungen/psypath/ForschungTools/Fragebogen.html
(letzter Zugriff 30.01.2014)

Abbildung 5

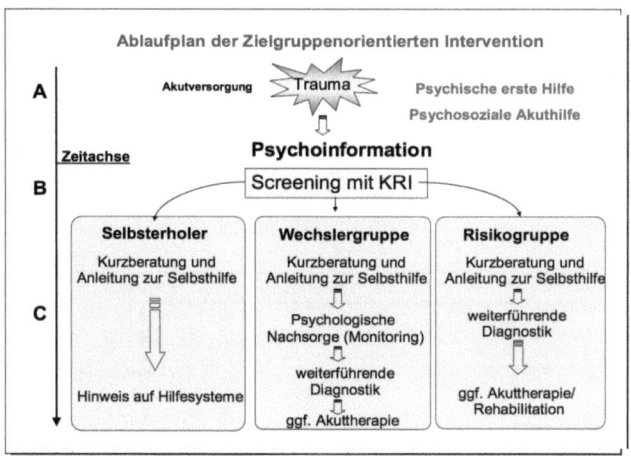

Abbildung 5
Ablaufplan der Zielgruppenorientierten Intervention
EUTOPA Heft III Seite 14

Abbildung 6

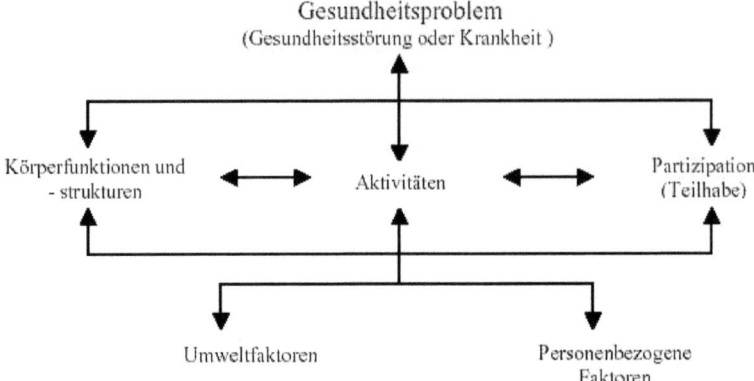

Abbildung 6
Internetquelle:
Deutsches Institut für Medizinische Dokumentation und Information
http://www.dimdi.de/static/de/klassi/icf/index.htm
(letzter Zugriff 31.01.2014)

Abbildung 7

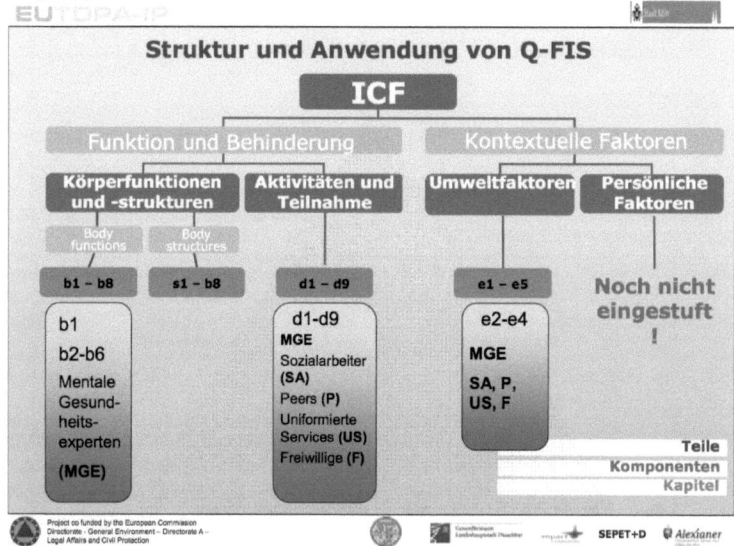

Abbildung 7 Die Struktur der ICF mit ihren Anteilen Funktionsfähigkeit und Behinderung sowie Kontextfaktoren.

Quelle:
EUTOPA IP Heft IV, Rehabilitation von psychischen Beeinträchtigungen nach Großschadenslagen Seite 16.

Abbildung 8

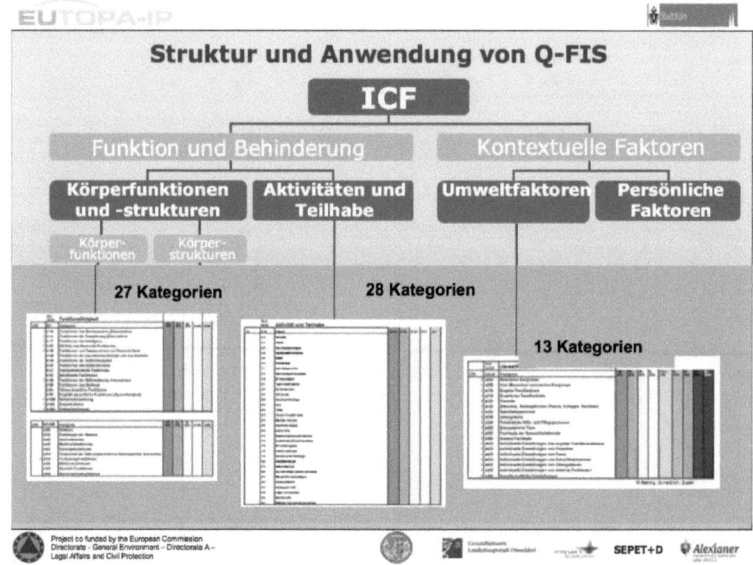

Abbildung 8 Kategorien von Q-FIS-SR. Die Kategorien werden entlang der Köperfunktionen, Aktivität und Teilhabe und Umweltfaktoren dargestellt. Insgesamt umfasst der Q-FIS-SR 68 Kategorien.

Quelle:
EUTOPA IP Heft IV, Rehabilitation von psychischen Beeinträchtigungen nach Großschadenslagen Seite 17.

17. Literaturverzeichnis

Abresch, K. & Bering, R. (2008). Posttraumatische Belastungsstörung als Folge eines Terroranschlages: Eine Metaanalyse zu möglichen Risikofaktoren. Unveröffentlichte Diplomarbeit, Universität zu Köln.

Bering, R. (2005). Verlauf der Posttraumatischen Belastungsstörung. Grundlagenforschung, Prävention, Behandlung. Shaker Verlag: Aachen.

Bering & Kamp (2007). Valdierung des Kölner Risikoindex an einer Stichprobe von stationären Patienten des Zentrums für Psychotraumatologie in Krefeld. Unveröffentlichtes Manuskript, Zentrum für Psychotraumatologie Krefeld.

Bering, R. & Fischer, G. (2005). Kölner Risiko Index (KRI). In B. Strauß & J. Schuhmacher (Hrsg.), Klinische Interviews und Ratingskalen (S. 216–221). Göttingen: Hogrefe.

Bering, R., Schedlich, C., Zurek, G. & Fischer, G. (2006). Zielgruppenorientierte Intervention zur Prävention von psychischen Langzeitfolgen für Opfer von Terroranschlägen (PLOT). Zeitschrift für Psychotraumatologie und Psychologische Medizin, 1, 57–75.

Dunker, S. (2009). Prognose und Verlauf der Posttraumatischen Belastungsstörung bei Soldaten der Bundeswehr. Längsschnittstudie zur Neuvalidierung des Kölner Risikoindex-Bundeswehr (KRI-Bw).

Fischer, G. (2003). Neue Wege aus dem Trauma. Erste Hilfe für schwere seelische Belastungen. Düsseldorf: Patmos.

Fischer, G., Becker-Fischer, M. & Düchting, C. (1999). Neue Wege in der Opferhilfe. Ergebnisse und Verfahrensvorschläge aus dem Kölner Opferhilfe Modell (KOM). Ministerium für Arbeit, Gesundheit und   Soziales des Landes Nordrhein-Westfalen.

Fischer, G. & Riedesser, P. (2003). Lehrbuch der Psychotraumatologie.   (3. Auflage). München: Reinhardt.

Flatten, G., Gast, U., Hofmann, A., Liebermann, P., Reddemann, L., Siol, T., Wöller, W., & Petzold, E. R. (2004). Posttraumatische Belastungsstörungen. Leitlinien und Quellentexte (2. Aufl.). Stuttgart: Schattauer

Hammel, A. (2005). Entwicklung des Kölner Risikoindex für Betroffene von Verkehrsunfällen. Unveröffentlichte Dissertation, Universität zu Köln.

Impact, Dutch knowledge & advice centre for post-disaster psychosocial care, Editor (2007) Draft Multidisciplinary Guideline Early psychosocial interventions after disasters, ter- rorism and other shocking events. Available: http://www.impact-kenniscentrum.nl Summary: Available: http://www.eutopa-info.eu/index.php?id=69

Schedlich, C., Bering, R., Zurek, G. & Fischer, G. (2003). Maßnahmenkatalog der Zielgruppenorientierten Intervention zur Einsatznachbereitung. In: R. Bering, C. Schedlich, G. Zurek & G. Fischer (Hrsg., 2003, S. 89–115).

Schedlich, C., Zurek, G. & Bering, R. (2008). Manual zur Zielgruppenorientierten Intervention im Rahmen von Großschadenslagen und Katastrophen. Target Group Intervention Programme Heft II. Unveröffentlichtes Manuskript im Rahmen des Projektes EUTOPA.

Zurek, G., Schedlich, C. & Bering, R. (2008). Manual zur Traumabasierten Psychoedukation für Betroffene von Großschadenslagen. Target Group Intervention Programme Heft III. Unveröffentlichtes Manuskript im Rahmendes Projektes EUTOPA.

Beerlage, I., Hering, Th., Nörenberg, L. (2006a). Entwicklung von Standards und Empfehlun- gen für ein Netzwerk zur bundesweiten Strukturierung und Organisation psychosozia- ler Notfallversorgung. Schriftreihe der Schutzkommission beim Bundesminister des Innern. Herg. v. Bundesamt für Bevölkerungsschutz und Katastrophenhilfe im Auftrag des BMI. Neue Folge Band 57, Bonn.

Beerlage, I., Hering, Th., Springer, S., Arndt, D., Nörenberg, L. (2006b). Entwicklung von Rahmenplänen zur Umsetzung von Leitlinien und Standards zur Sicherstellung, Ver- netzung und strukturellen Einbindung Psychosozialer Notfallversorgung für Einsatz- kräfte der polizeilichen und nicht polizeilichen Gefahrenabwehr. Forschungsprojekt im Auftrag des Bundesministeriums des Innern. Endbericht, Bonn.

Beerlage, I. (2009). Qualitätssicherung in der Psychosozialen Notfallversorgung. Deutsche Kontroversen – Internationale Leitlinien. Hrsg. v. Bundesamt für Bevölkerungsschutz und Katastrophenhilfe (BBK) im Auftrag des Bundesinnenministeriums.Schriftenreihe der Schutzkommission beim Bundesminister des Innern, Band 2, Bonn.

Beerlage, I., Helmerichs, J., Waterstraat, F., Bellinger, M. (2010). Management der Psycho- sozialen Notfallversorgung in Großschadens- und Katastrophenlagen. In Schutzkommission beim Bundesminister des Innern (Hrsg.), *Katastrophenmedizin* (S. 30- 42). Bonn

Bengel, J. (2007). Psychologie in Notfallmedizin und Rettungsdienst. Springer

Bering, R. (2011). Verlauf der Posttraumatischen Belastungsstörung. Grundlagenforschung, Prävention, Behandlung. 2. überarbeitete Auflage.Shaker Verlag: Aachen.

Bering, R., Schedlich, C., Zurek G. & Fischer, G. (2006). Zielgruppenorientierte Intervention zur Prävention von psychischen Langzeitfolgen für Opfer von Terroranschlägen (PLOT). Zeitschrift für Psychotraumatologie und Psychologische Medizin, 1, 57–75.

Bering, R., Schedlich C., Zurek, G., Kamp, M., Grittner, G. & Fischer, G. (2007). Prävention psychischer Langzeitfolgen für Opfer von Terroranschlägen und deren Angehörige. Manual zur Zielgruppenorientierten Intervention. Verfügbar unter: www.plot-info.eu

Brom, D., Kleber, R.J., Defares P.B. (1989). Brief psychotherapy for posttraumatic stress disorders, J Consult Clin Psychol 57, 607-612

Bundesamt für Bevölkerungsschutz und Katastrophenhilfe (BBK). (2009). Psychosoziale Notfallversorgung: Qualitätsstandards und Leitlinien, Teil I,Bonn.

Bundesamt für Bevölkerungsschutz und Katastrophenhilfe (BBK). (2011). Psychosoziale Notfallversorgung: Qualitätsstandards und Leitlinien, Teil I und II, Bonn.

Fischer, G., Becker-Fischer, M., & Düchting, C. (1999). Neue Wege in der Opferhilfe. Ergeb- nisse und Verfahrensvorschläge aus dem Kölner Opferhilfe-Modell (KOM). Ministeri- um für Arbeit, Gesundheit und Sozialdes Landes Nordrhein-Westfalen.

Fischer, G. (2000). Mehrdimensionale Psychodynamische Traumatherapie - MPTT. Manual zur Behandlung psychotraumatischer Störungen. Heidelberg: Asanger.

Fischer, G., & Riedesser, P. (2003). Lehrbuch der Psychotraumatologie (3. Aufl.). München: Reinhardt.

Fischer, G. (2003). Neue Wege aus dem Trauma. Erste Hilfe bei schweren seelischen Belastungen. Düsseldorf: Walther.

Helmerichs, J. (2007). Psychosoziale Notfallversorgung im Großschadensfall und bei Katast- rophen. In F. Lassoga & B. Gasch (Hrsg.), Notfallpsychologie (S. 371–389). Berlin: Springer.